Impressum
Verlag: BABADADA GmbH, Nedderfeld 112 , 22529 Hamburg
Geschäftsführer / Verlagsleitung: Harald Hof
Druck: Books on Demand GmbH, In de Tarpen 42, 22848 Norderstedt

Imprint
Publisher: BABADADA GmbH, Nedderfeld 112 , 22529 Hamburg, Germany
Managing Director / Publishing direction: Harald Hof
Print: Books on Demand GmbH, In de Tarpen 42, 22848 Norderstedt

1

école

la escuela

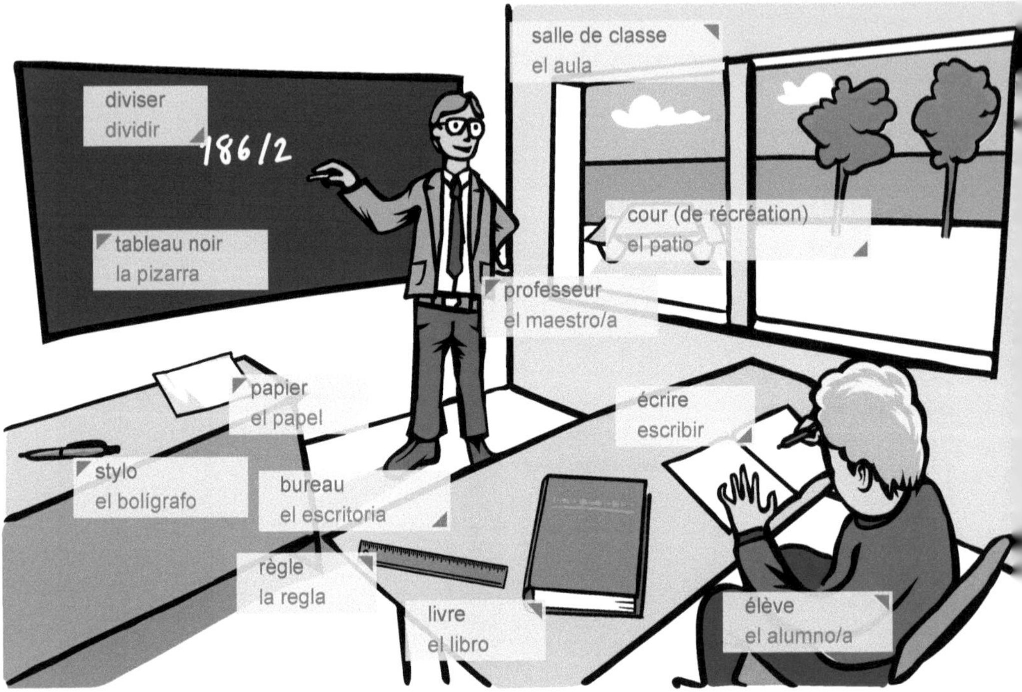

salle de classe
el aula
diviser
dividir
186/2
tableau noir
la pizarra
cour (de récréation)
el patio
professeur
el maestro/a
papier
el papel
écrire
escribir
stylo
el bolígrafo
bureau
el escritoria
règle
la regla
livre
el libro
élève
el alumno/a

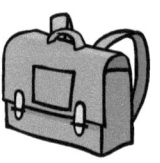

cartable

la cartera

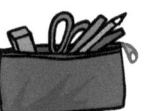

trousse

la caja de lápices

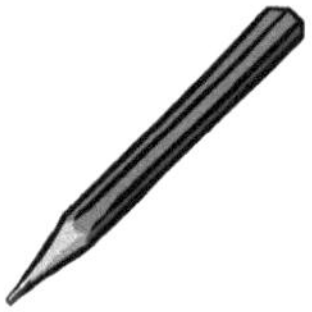

crayon

el lápiz

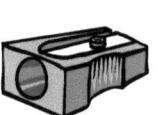

taille-crayon

el sacapuntas

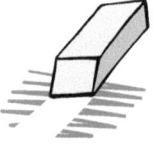

gomme

la goma de borrar

carnet à dessin

el cuaderno de dibujo

dessin

el dibujo

pinceau

el pincel

boîte de peinture

la caja de pinturas

ciseaux

las tijeras

colle

el pegamento

cahier d'exercices

el cuaderno de ejercicios

devoirs

los deberes

chiffre

el número

additionner

sumar

soustraire

restar

multiplier

multiplicar

calculer

calcular

lettre

la letra

alphabet

el alfabeto

mot

la palabra

texte

el texto

lire

leer

craie

la tiza

leçon

la lección

livre de classe

el cuaderno de notas

examen

el examen

certificat

el certificado

uniforme scolaire

el uniforme

formation

la educación

lexique

la enciclopedia

université

la universidad

microscope

el microscopio

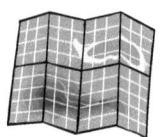

carte

el mapa

corbeille à papier

la papelera

voyage
el viaje

hôtel
el hotel
Grand
auberge
el albergue
ROOMS
CHANGE
eau de change
ficina de cambio de divisas
valise
la maleta
voiture
el coche

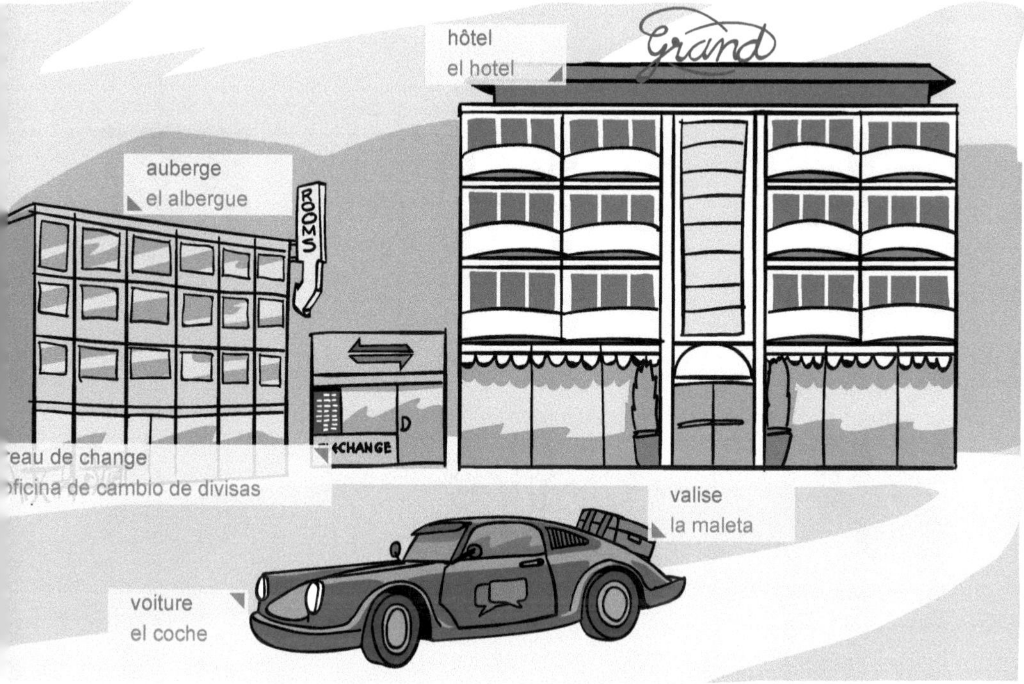

langue

el idioma

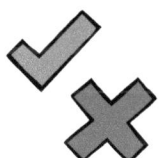

oui / non

sí / no

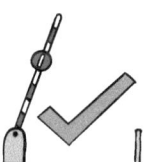

d'accord

Vale

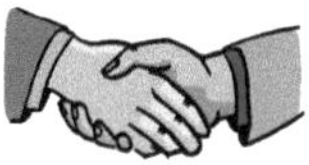

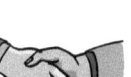

Salut

hola

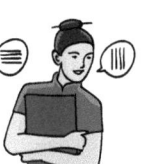

interprète

el traductor

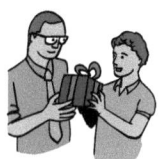

merci

Gracias

Combien coûte...?

¿cuánto es...?

Je ne comprends pas

No entiendo

problème

el problema

Bonsoir !

¡Buenas tardes!

Bonjour !

¡Buenos días!

Bonne nuit !

¡Buenas noches!

Au revoir

adiós

direction

la dirección

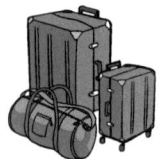

bagages

el equipaje

sac

la bolsa

sac-à-dos

la mochila

hôte

el invitado

pièce

la habitación

sac de couchage

el saco de dormir

tente

la tienda de campaña

office de tourisme

la información turística

plage

la playa

carte de crédit

la tarjeta de crédito

petit-déjeuner

el desayuno

déjeuner

el almuerzo

dîner

la cena

billet

el billete

ascenseur

el ascensor

timbre

el sello

frontière

la frontera

douane

la aduana

ambassade

la embajada

visa

la visa

passeport

el pasaporte

transport
el transporte

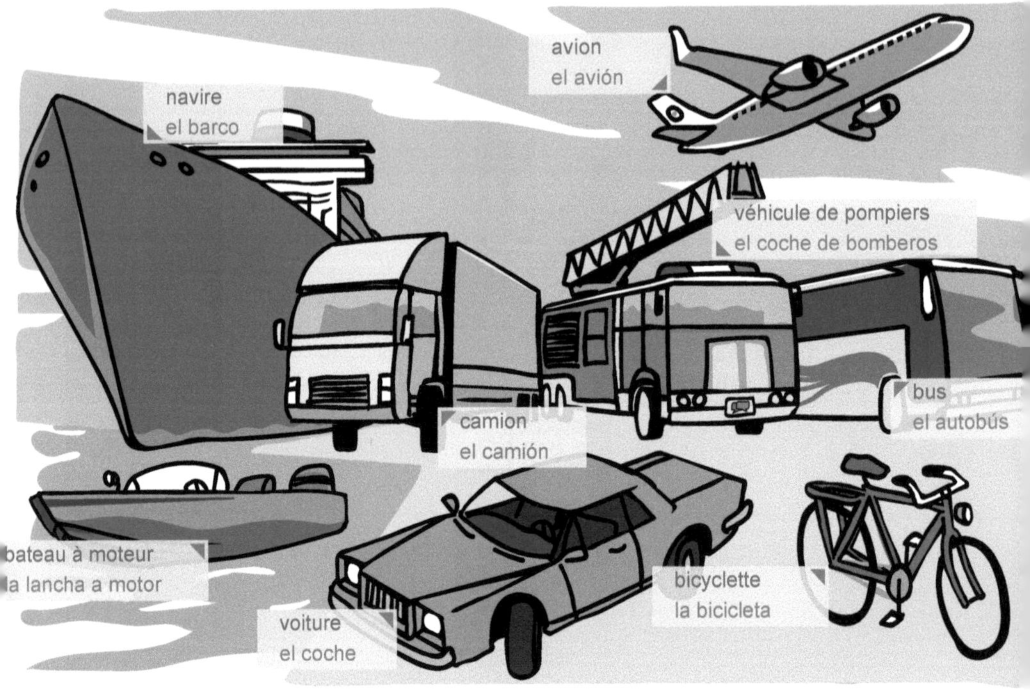

avion
el avión
navire
el barco
véhicule de pompiers
el coche de bomberos
bus
el autobús
camion
el camión
bateau à moteur
la lancha a motor
bicyclette
la bicicleta
voiture
el coche

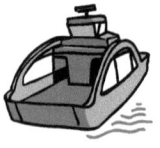

ferry

el transbordador

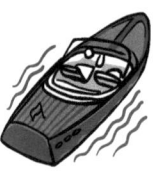

barque

la barca

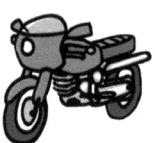

moto

la moto

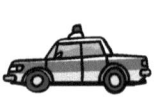

voiture de police

el coche de policía

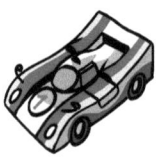

voiture de course

el coche de carreras

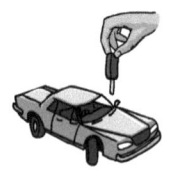

voiture de location

el coche de alquiler

auto-partage

el préstamo de vehículos

voiture de remorquage

la grúa

benne à ordures

el camión de la basura

moteur

el motor

essence

la gasolina

station d'essence

la gasolinera

panneau indicateur

la señal de tráfico

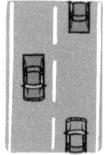

trafic

el tráfico

embouteillage

el atasco

parking

el aparcamiento

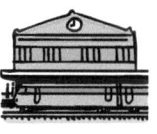

gare

la estación de tren

rails

las vías

train

el tren

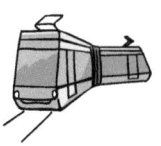

tramway

el tranvía

wagon

el vagón

hélicoptère

el helicóptero

aéroport

el aeropuerto

tour

la torre

passager

el pasajero

conteneur

el contenedor

carton

la caja de cartón

chariot

la carretilla

corbeille

la cesta

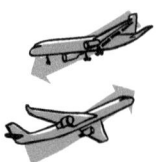

décoller / atterrir

despegar / aterrizar

ville
la ciudad

village

el pueblo

centre-ville

el centro de la ciudad

maison

la casa

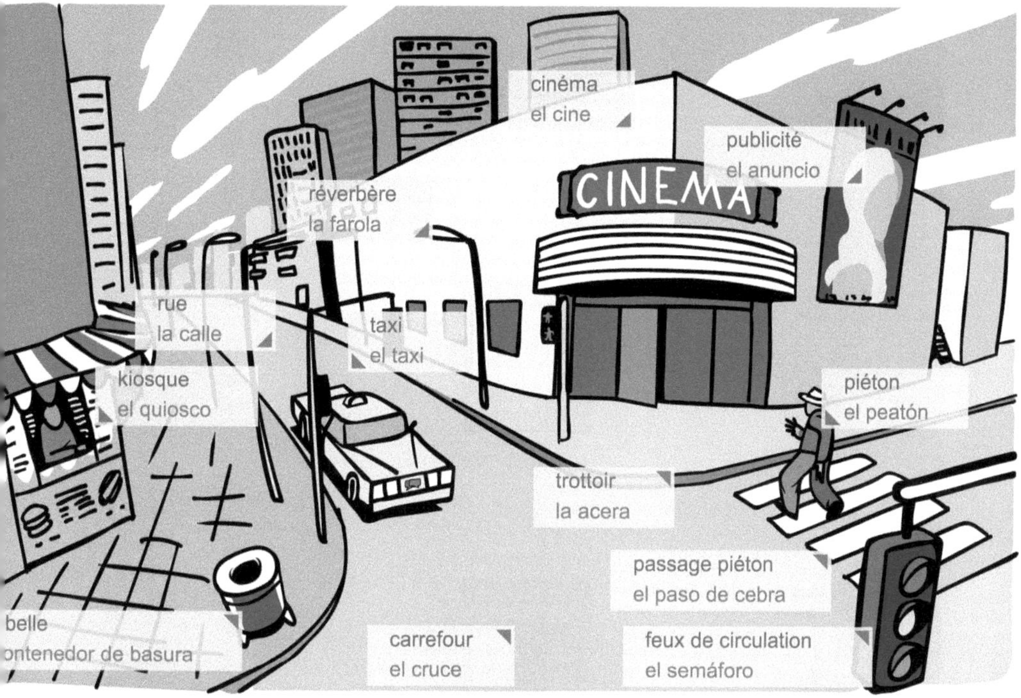

cinéma
el cine

publicité
el anuncio

réverbère
la farola

CINEMA

rue
la calle

taxi
el taxi

kiosque
el quiosco

piéton
el peatón

trottoir
la acera

passage piéton
el paso de cebra

belle
ontenedor de basura

carrefour
el cruce

feux de circulation
el semáforo

cabane

la cabaña

appartement

el apartamento

gare

la estación de tren

mairie

el ayuntamiento

musée

el museo

école

la escuela

université
la universidad

banque
el banco

hôpital
el hospital

hôtel
el hotel

pharmacie
la farmacia

bureau
la oficina

librairie
la librería

magasin
la tienda de campaña

fleuriste
la floristería

supermarché
el supermercado

marché
el mercado

grand magasin
los grandes almacenes

poissonnerie
la pescadería

centre commercial
el centro comercial

port
el puerto

parc

el parque

banque

el banco

pont

el puente

escaliers

las escaleras

métro

el metro

tunnel

el túnel

arrêt de bus

la parada de autobús

bar

el bar

restaurant

el restaurante

boîte à lettres

el buzón

panneau indicateur

el poste indicador

parcmètre

el parquímetro

zoo

el zoo

piscine

la piscina

mosquée

la mezquita

ferme

la granja

pollution

la contaminación

cimetière

el cementerio

église

la iglesia

aire de jeux

el patio de juego

temple

el templo

paysage
el paisaje

feuille
la hoja

panneau indicateur
la señal

chemin
el camino

pré
el prado

pierre
la piedra

randonneur
el excursionista

arbre
el árbol

rivière
el río

herbe
la hierba

fleur
la flor

vallée

el valle

montagne

la colina

lac

el lago

forêt

el bosque

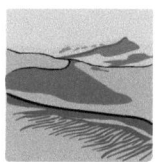

désert

el desierto

volcan

el volcán

château

el castillo

arc-en-ciel

el arcoíris

champignon

el champiñón

palmier

la palmera

moustique

el mosquito

mouche

la mosca

fourmis

la hormiga

abeille

la abeja

araignée

la araña

coléoptère
el escarabajo

grenouille
la rana

écureuil
la ardilla

hérisson
el erizo

lièvre
la liebre

chouette
la lechuza

oiseau
el pájaro

cygne
el cisne

sanglier
el jabalí

cerf
el ciervo

élan
el alce

barrage
la presa

éolienne
la turbina eólica

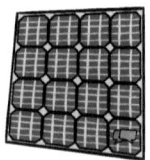

panneau solaire
el panel solar

climat
el clima

restaurant
el restaurante

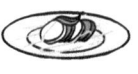

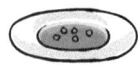

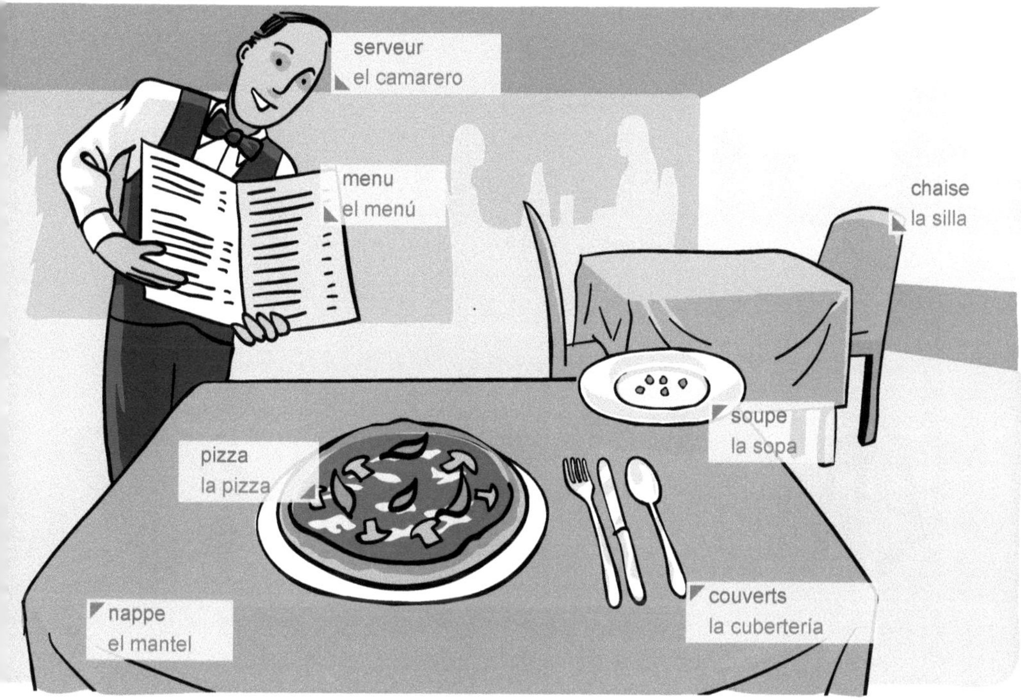
serveur
el camarero
menu
el menú
chaise
la silla
soupe
la sopa
pizza
la pizza
couverts
la cubertería
nappe
el mantel

hors d'œuvre
el primer plato

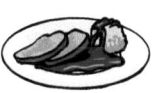

plat principal
el plato principal

dessert
el postre

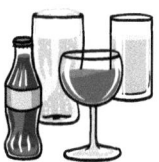

boissons
las bebidas

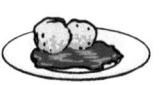

alimentation
la comida

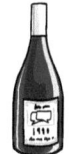

bouteille
la botella

fast-food

la comida rápida

plats à emporter

la comida callejera

théière

la tetera

sucrier

el azucarero

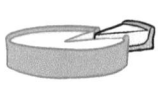

portion

la porción

machine à expresso

la cafetera expreso

chaise haute

la trona

facture

la cuenta

plateau

la bandeja

couteau

el cuchillo

fourchette

el tenedor

cuillère

la cuchara

cuillère à thé

la cucharilla

serviette

la servilleta

verre

el vaso

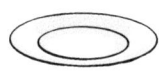

assiette
el plato

assiette à soupe
el plato hondo

soucoupe
el platillo

sauce
la salsa

salière
el salero

moulin à poivre
el molinillo de pimienta

vinaigre
el vinagre

huile
el aceite

épices
las especias

ketchup
el ketchup

moutarde
la mostaza

mayonnaise
la mayonesa

supermarché
el supermercado

offre promotionnelle
la oferta especial
FOR
client
el cliente
produits laitiers
los lácteos
fruits
la fruta
chariot
el carro de compra

BUTCHERS

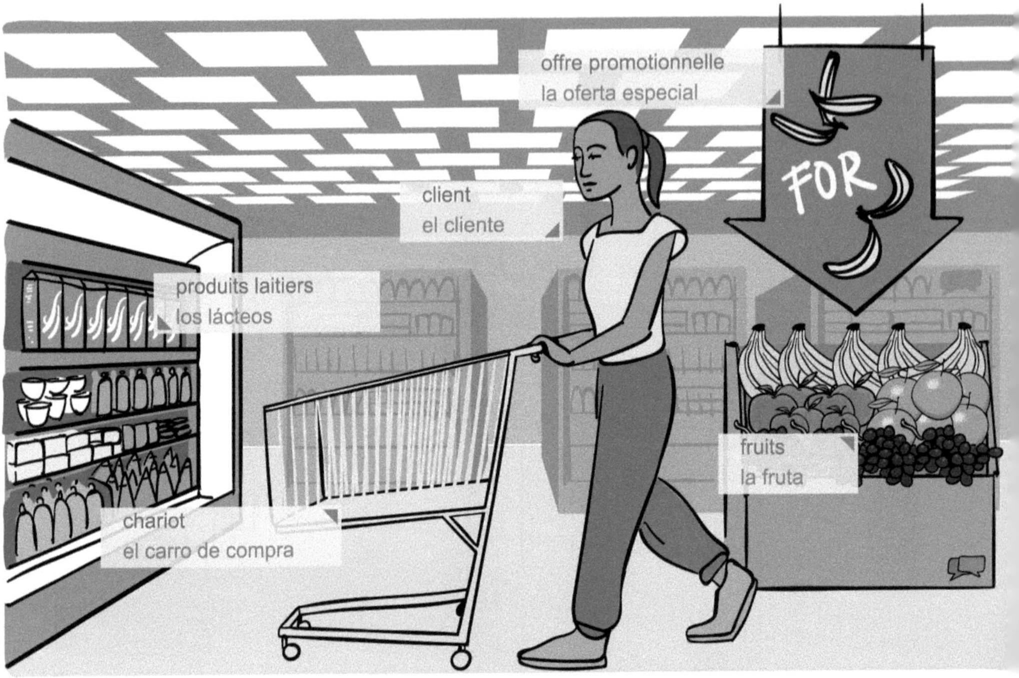

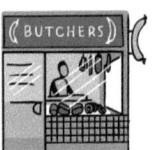

boucherie

la carniceria

BAKERY

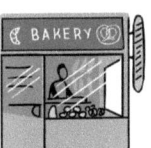

boulangerie

la panadería

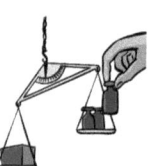

peser

pesar

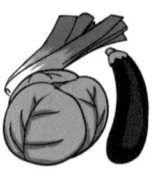

légumes

las verduras

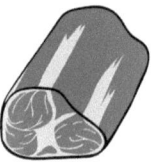

viande

la carne

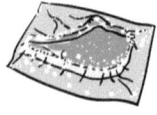

aliments surgelés

los alimentos congelados

charcuterie

los fiambres

conserves

las conservas

poudre à lessive

el detergente en polvo

bonbons

los dulces

articles ménagers

productos de uso doméstico

détergents

productos de limpieza

vendeuse

la vendedora

caisse

la caja de cartón

caissier

el cajero

liste d'achats

la lista de la compra

heures d'ouverture

el horario de atención al público

portefeuille

la cartera

carte de crédit

la tarjeta de crédito

sac

la bolsa de plástico

sac en plastique

la bolsa de plástico

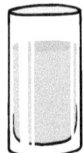

eau

el agua

jus de fruit

el zumo

lait

la leche

coca

la cola

vin

el vino

bière

la cerveza

alcool

el alcohol

chocolat chaud

el cacao

thé

el té

café

el café

expresso

el expreso

cappuccino

el capuchino

banane
el plátano

pomme
la manzana

orange
la naranja

melon
el melón

citron
el limón

carotte
la zanahoria

ail
el ajo

bambou
el bambú

oignon
la cebolla

champignon
el champiñón

noisettes
las avellanas

pâtes
los fideos

spaghetti

las espagueti

riz

el arroz

salade

la ensalada

pommes frites

las patatas fritas

pommes de terre rôties

las patatas fritas

pizza

la pizza

hamburger

la hamburguesa

sandwich

el sándwich

escalope

el filete

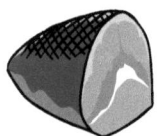

jambon

el jamón

salami

le salami

saucisse

la salchicha

poulet

el pollo

rôti

el asado

poisson

el pescado

flocons d'avoine
los copos de avena

muesli
el muesli

cornflakes
los copos de maíz

farine
la harina

croissant
el cruasán

petits-pains
el panecillo

pain
el pan

pain grillé
la tostada

biscuits
las galletas

beurre
la mantequilla

le fromage blanc
la cuajada

gâteau
el pastel

œuf
el huevo

œuf au plat
el huevo frito

fromage
el queso

glace

el helado

sucre

el azúcar

miel

la miel

confiture

la mermelada

crème nougat

la crema de turrón

curry

el curry

ferme
la granja

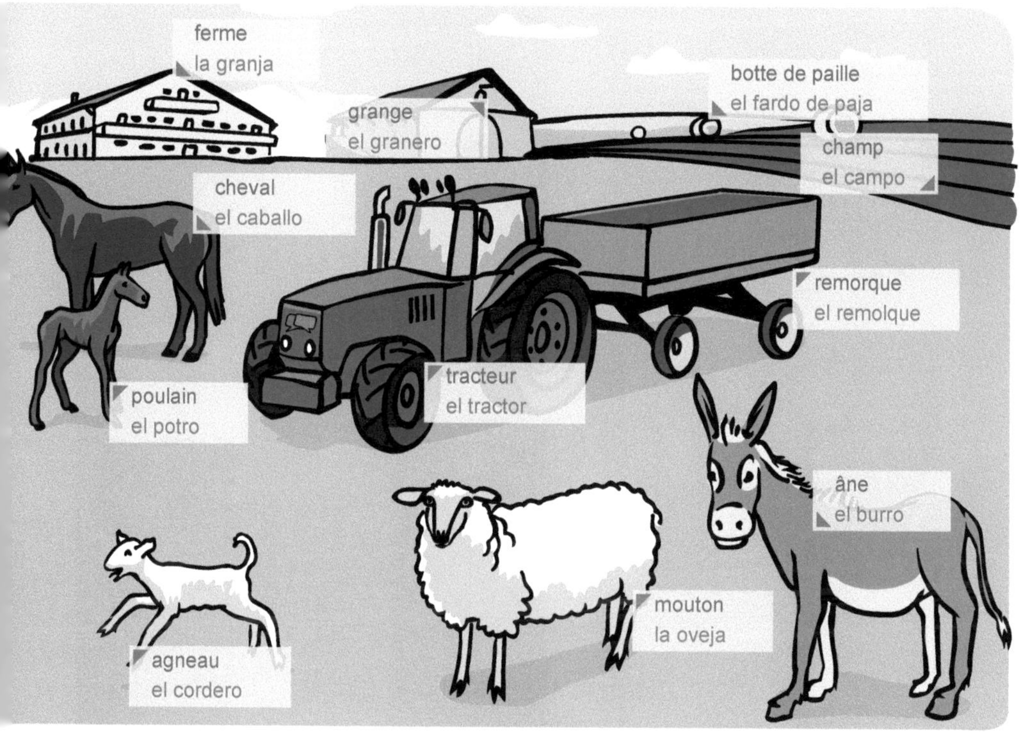

ferme
la granja
grange
el granero
botte de paille
el fardo de paja
champ
el campo
cheval
el caballo
remorque
el remolque
tracteur
el tractor
poulain
el potro
âne
el burro
mouton
la oveja
agneau
el cordero

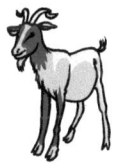

chèvre

la cabra

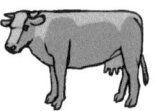

vache

la vaca

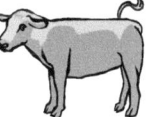

veau

el ternero

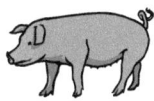

porc

el cerdo

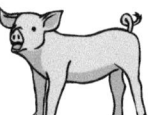

porcelet

el cerdito

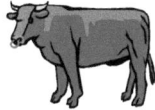

taureau

el toro

oie
el ganso

canard
el pato

poussin
el pollo

poule
la gallina

coq
el gallo

rat
la rata

chat
el gato

souris
el ratón

bœuf
el buey

chien
el perro

chenil
la perrera

tuyau de jardin
la manguera

arrosoir
la regadera

faucheuse
la guadaña

charrue
el arado

faucille

la hoz

pioche

la azada

fourche

la horca

hache

el hacha

brouette

la carretilla

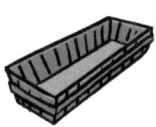

cuve

el abrevadero

pot à lait

la lechera

sac

el saco

clôture

la valla

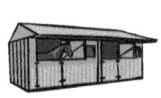

étable

el establo

serre

el invernadero

sol

el suelo

semences

la semilla

engrais

el fertilizador

moissonneuse-batteuse

la cosechadora

récolter
cosechar

récolte
la cosecha

igname
el ñame

blé
el trigo

soja
el soja

pomme de terre
la patata

maïs
el maíz

colza
la semilla de colza

arbre fruitier
el árbol frutal

manioc
la mandioca

céréales
las cereales

maison
la casa

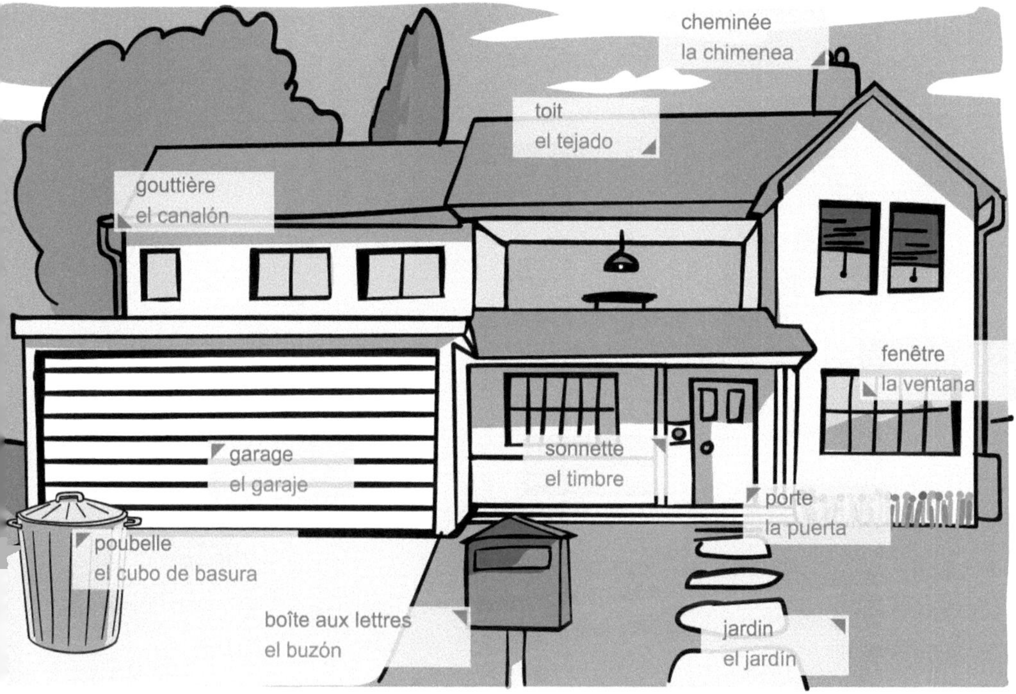
cheminée
la chimenea
toit
el tejado
gouttière
el canalón
fenêtre
la ventana
garage
el garaje
sonnette
el timbre
porte
la puerta
poubelle
el cubo de basura
boîte aux lettres
el buzón
jardin
el jardín

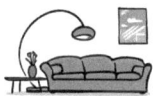

salon

la sala

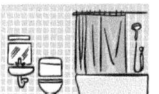

salle de bain

el cuarto de baño

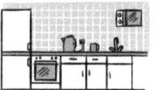

cuisine

la cocina

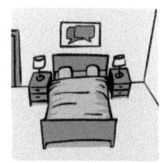

chambre à coucher

el dormitorio

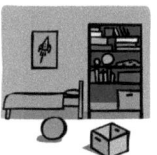

chambre d'enfant

la habitación de los niños

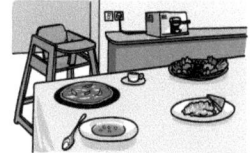

salle à manger

el comedor

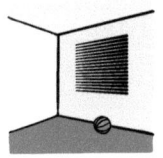

sol

el suelo

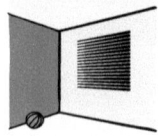

mur

la pared

plafond

el techo

cave

el sótano

sauna

la sauna

balcon

el balcón

terrasse

la terraza

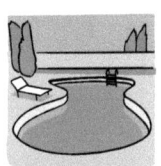

piscine

la piscina

tondeuse à gazon

el cortacésped

housse

la sábana

couette

la colcha

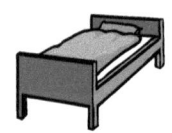

lit

la cama

balai

la escoba

sceau

el balde

interrupteur

el interruptor

salon

la sala

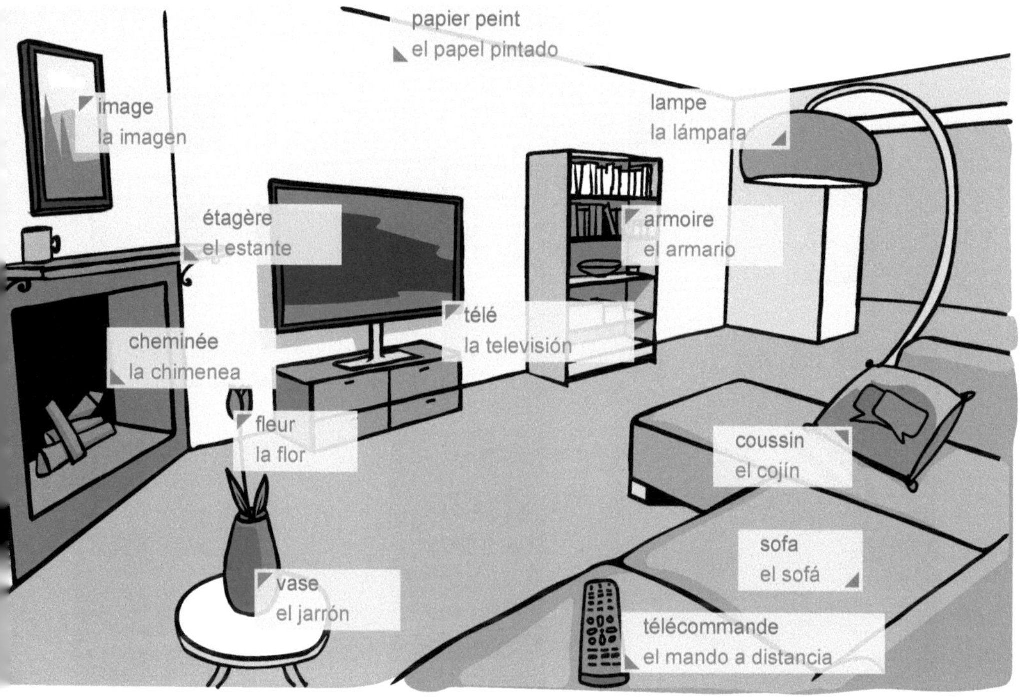
papier peint
el papel pintado
image
la imagen
lampe
la lámpara
étagère
el estante
armoire
el armario
télé
la televisión
cheminée
la chimenea
fleur
la flor
coussin
el cojín
sofa
el sofá
vase
el jarrón
télécommande
el mando a distancia

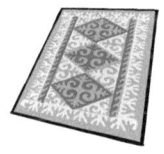

tapis
la alfombra

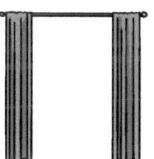

rideau
la cortina

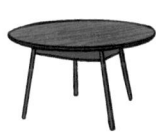

table
la mesa

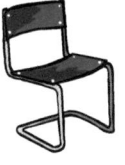

chaise
la silla

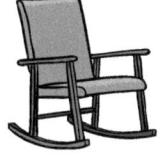

chaise à bascule
el mecedora

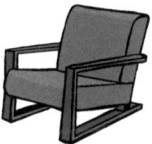

fauteuil
la butaca

livre
el libro

couverture
la manta

décoration
la decoración

bois de chauffage
la leña

film
la película

chaîne hi-fi
el equipo de música

clé
la llave

journal
el periódico

peinture
la pintura

poster
el póster

radio
la radio

bloc-notes
el cuaderno

aspirateur
la aspiradora

cactus
el cactus

bougie
la vela

cuisine
la cocina

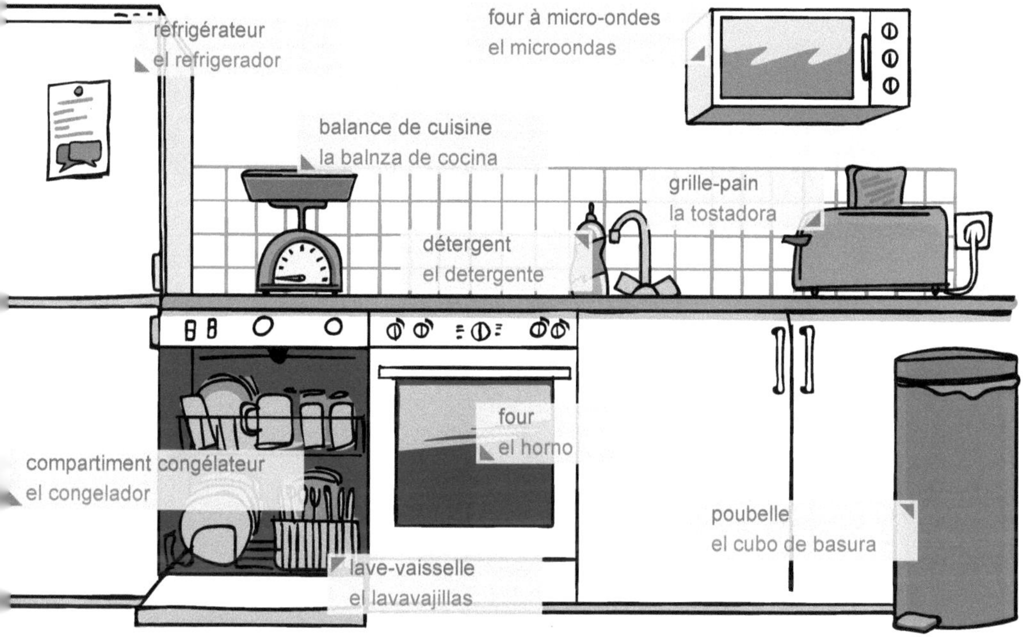

réfrigérateur
el refrigerador
four à micro-ondes
el microondas
balance de cuisine
la balnza de cocina
grille-pain
la tostadora
détergent
el detergente
four
el horno
compartiment congélateur
el congelador
poubelle
el cubo de basura
lave-vaisselle
el lavavajillas

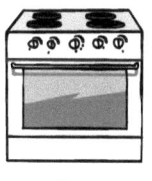

four

la olla a presión

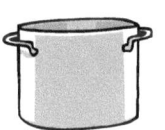

casserole

la olla

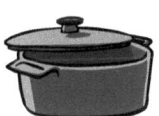

marmite

la olla de hierro fundido

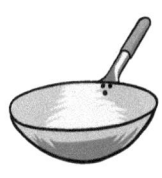

wok / kadai

el wok

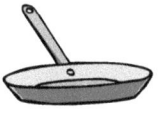

poêle

la cazuela

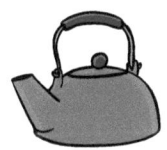

bouilloire electrique

el hervidor

cuiseur vapeur

la vaporera

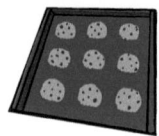

plaque de cuisson

la chapa de horno

vaisselle

la vajilla

gobelet

la taza

coupe

el tazón

baguettes

los palillos

louche

el cucharón

spatule

la espumadera

fouet

el batidor

passoire

el colador

tamis

el cedazo

râpe

el rallador

mortier

el mortero

barbecue

la barbacoa

cheminée

la hoguera

planche à découper

la tabla de picar

rouleau à pâtisserie

el rodillo

tire-bouchon

el sacacorchos

boîte

la lata

ouvre-boîte

el abrelatas

maniques

el agarrador

lavabo

el lavabo

brosse

el cepillo

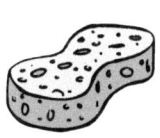

éponge

la esponja

mixeur

la batidora

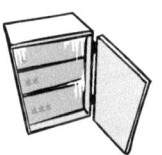

congélateur

el congelador

biberon

el biberón

robinet

el grifo

salle de bain
el cuarto de baño

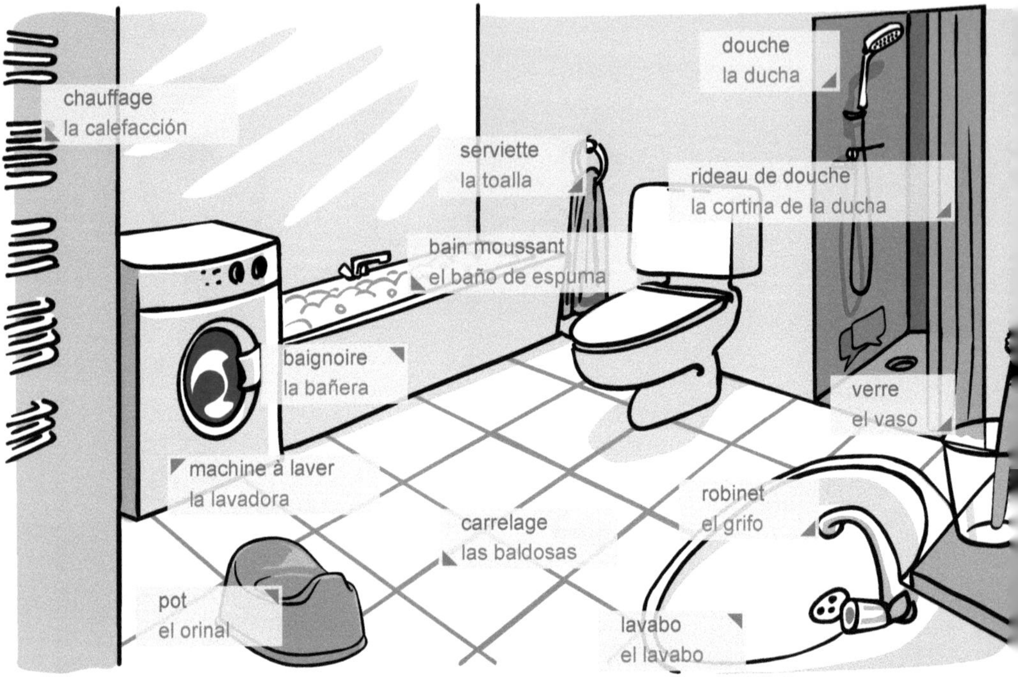
chauffage
la calefacción
douche
la ducha
serviette
la toalla
rideau de douche
la cortina de la ducha
bain moussant
el baño de espuma
baignoire
la bañera
verre
el vaso
machine à laver
la lavadora
robinet
el grifo
carrelage
las baldosas
pot
el orinal
lavabo
el lavabo

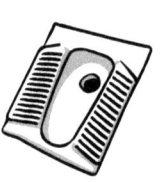

toilettes
el inodoro

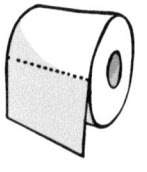

toilette à la turque
el inodoro rústico

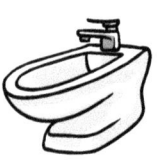

bidet
el bidé

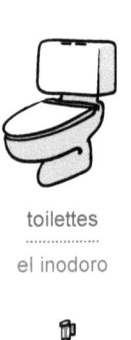

urinoir
el urinario

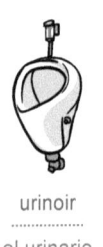

papier toilette
el papel higiénico

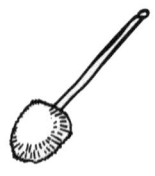

brosse à toilette
la escobilla del váter

brosse à dents

el cepillo de dientes

dentifrice

la pasta de dientes

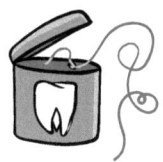

fil dentaire

el hilo dental

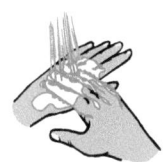

laver

lavar

douche manuelle

la ducha de mano

douche intime

la ducha íntima

vasque

la pila

brosse dorsale

el cepillo de espalda

savon

el jabón

gel douche

el gel de ducha

shampooing

el champú

gant de toilette

la toallita

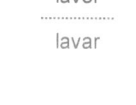

écoulement

el desagüe

crème

la crema

déodorant

el desodorante

miroir

el espejo

miroir cosmétique

el espejo de tocador

rasoir

la maquinilla de afeitar

mousse à raser

la espuma de afeitar

après-rasage

la loción postafeitado

peigne

el peine

brosse

el cepillo

sèche-cheveux

el secador

laque pour cheveux

la laca

fond de teint

el maquillaje

rouge à lèvres

el pintalabios

vernis à ongles

el pintauñas

ouate

el algodón

coupe-ongles

el cortauñas

parfum

el perfume

trousse de toilette

el estuche de viaje

tabouret

la banqueta

pèse-personne

la balanza

peignoir

el albornoz

gants de nettoyage

los guantes de goma

tampon

el tampón

serviettes hygiéniques

la compresa

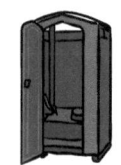

toilette chimique

el inodoro químico

chambre d'enfant
la habitación de los niños

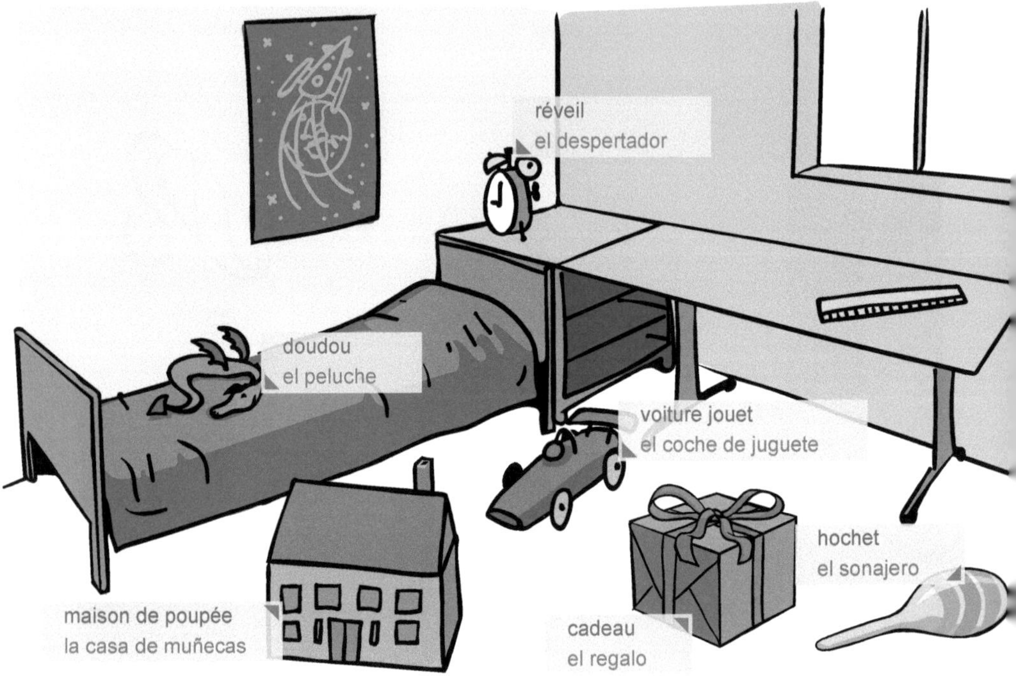
réveil
el despertador
doudou
el peluche
voiture jouet
el coche de juguete
hochet
el sonajero
maison de poupée
la casa de muñecas
cadeau
el regalo

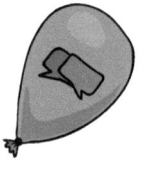

ballon
el globo

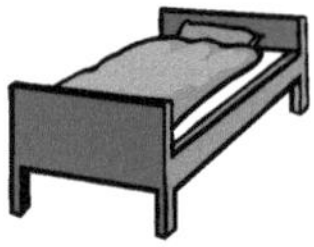

lit
la cama

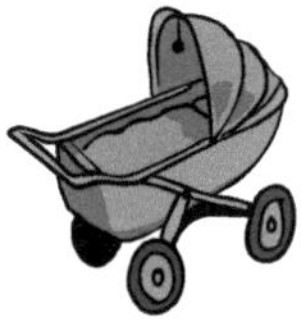

poussette
el coche de niño

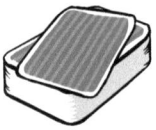

jeu de cartes
los naipes

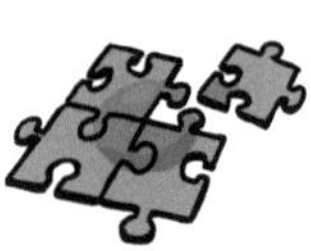

puzzle
el puzle

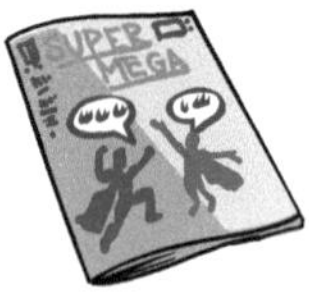
SUPER MEGA

bande dessinée
el tebeo

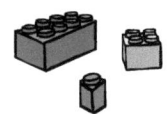

pièces lego

las piezas de lego

blocs de construction

los bloques de juguete

figurine

la figura de acción

grenouillère

el bodi (de bebé)

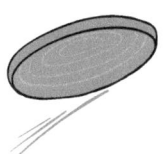

frisbee

el frisbee

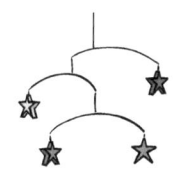

mobile

el colgador móvil para
bebés

jeu de société

el juego de mesa

dé

los dados

train miniature

el circuito de tren eléctrico

sucette

el maniquí

fête

la fiesta

livre d'images

el álbum de fotos

balle

la pelota

poupée

la muñeca

jouer

jugar

bac à sable

el cajón de arena

balançoire

el columpio

jouets

los juguetes

console de jeu

la videoconsola

tricycle

el triciclo

ours en peluche

el oso de peluche

armoire

la guardarropa

vêtements

la ropa

chaussettes

los calcetines

bas

las medias

collant

los leotardos

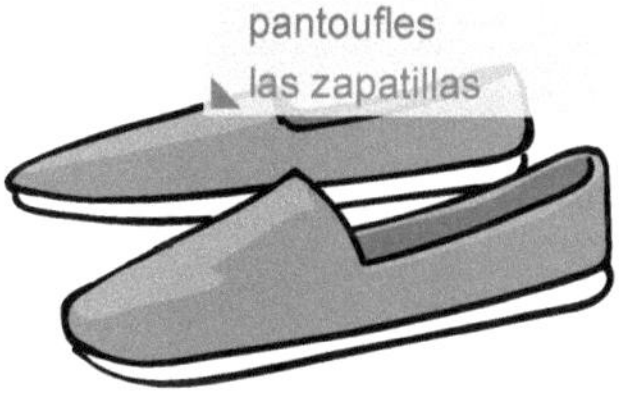

écharpe
la bufanda

parapluie
el paraguas

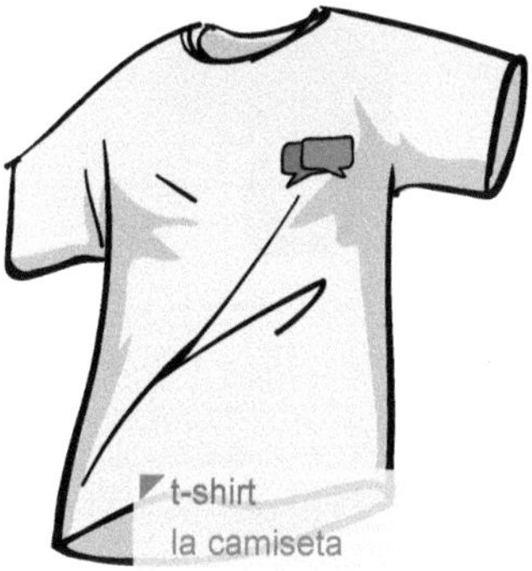

t-shirt
la camiseta

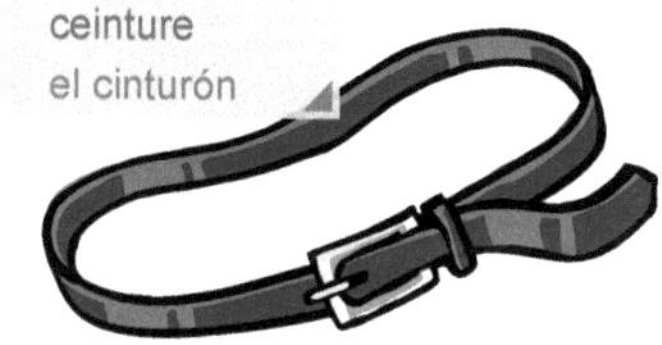

ceinture
el cinturón

bottes
las botas

pantoufles
las zapatillas

baskets
las deportivas

sandales

las sandalias

chaussures

los zapatos

bottes de caoutchouc

las botas de goma

sous-vêtements

el slip

soutien-gorge

el sostén

maillot de corps

el chaleco

body
el bodi

pantalon
los pantalones cortos

jean
los vaqueros

jupe
la falda

chemisier
la blusa

chemise
la camisa

pull
el jersey

sweat à capuche
el suéter

veste
el blazer

veste
la chaqueta

manteau
el abrigo

imperméable
la gabardina

costume
el traje

robe
el vestido

robe de mariée
el vestido de novia

costume
el traje

chemise de nuit
el camisón

pyjama
el pijama

sari
el sati

foulard
el bandana

turban
el turbante

burqa
la burka

caftan
el caftán

abaya
la abaya

maillot de bain
el traje de baño

maillot de bain
el bañador

short
los pantalones cortos

tenue d'entraînement
el chándal

tablier
el delantal

gants
los guantes

bouton

el botón

lunettes

las gafas

bracelet

el brazalete

collier

el collar

bague

el anillo

boucle d'oreille

el pendiente

bonnet

la gorra

cintre

la percha

chapeau

el sombrero

cravate

la corbata

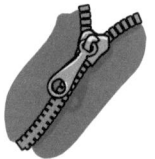

fermeture éclair

la cremallera

casque

el casco

bretelles

los tirantes

uniforme scolaire

el uniforme

uniforme

el uniforme

bavoir
....
el babero

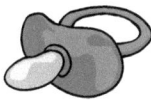

sucette
....
el maniquí

lange
....
el pañal

bureau
la oficina

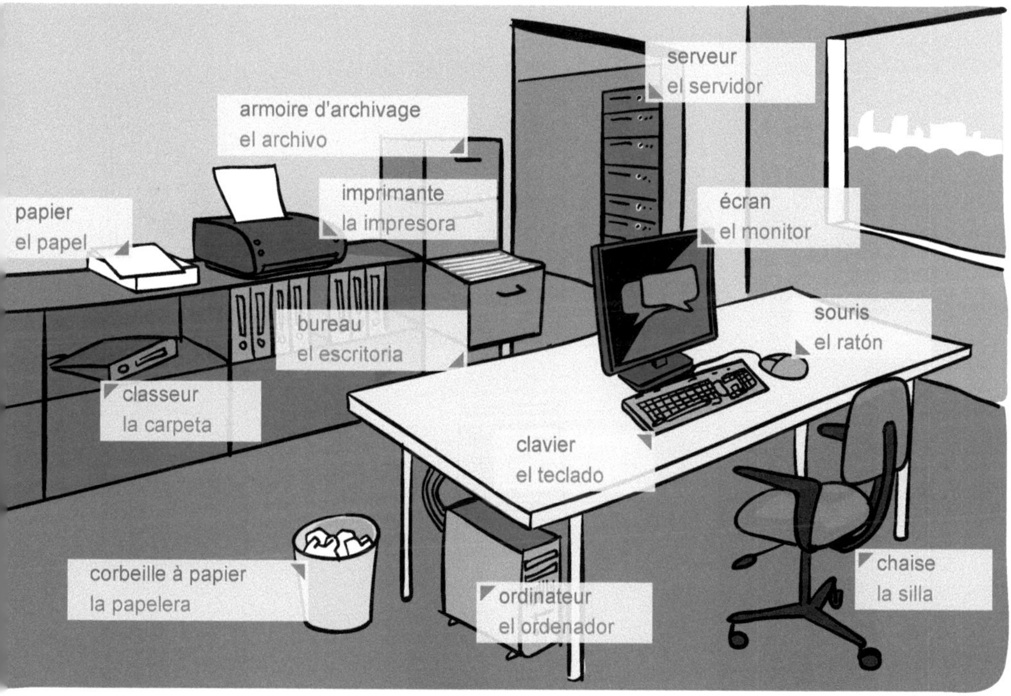

serveur
el servidor

armoire d'archivage
el archivo

imprimante
la impresora

écran
el monitor

papier
el papel

bureau
el escritoria

souris
el ratón

classeur
la carpeta

clavier
el teclado

corbeille à papier
la papelera

ordinateur
el ordenador

chaise
la silla

tasse de café
....
la taza de café

calculatrice
....
la calculadora

internet
....
el internet

ordinateur portable

el portátil

lettre

la carta

message

el mensaje

portable

el móvil

réseau

la red

photocopieuse

la fotocopiadora

logiciel

el software

téléphone

el teléfono

prise

la toma de corriente

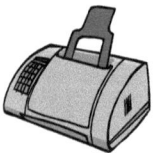

fax

el fax

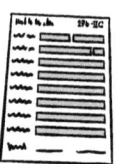

formulaire

el formulario

document

el documento

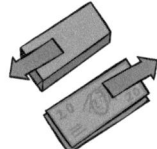

acheter

comprar

payer

pagar

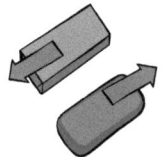

faire du commerce

comerciar

monnaie

el dinero

dollar

el dólar

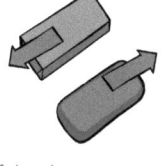

euro

el euro

yen

el yen

rouble

el rublo

franc suisse

el franco suizo

renminbi yuan

el renminbi yuan

roupie

la rupia

distributeur automatique

el cajero automático

bureau de change

la oficina de cambio de divisas

or

el oro

argent

la plata

pétrole

el petróleo

énergie

la energía

prix

el precio

contrat

el contrato

taxe

el impuesto

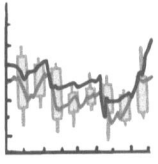

action

la acción

travailler

trabajar

employé

el empleador

employeur

el empleador

usine

la fábrica

magasin

la tienda de campaña

économie - la economía

professions
los oficios

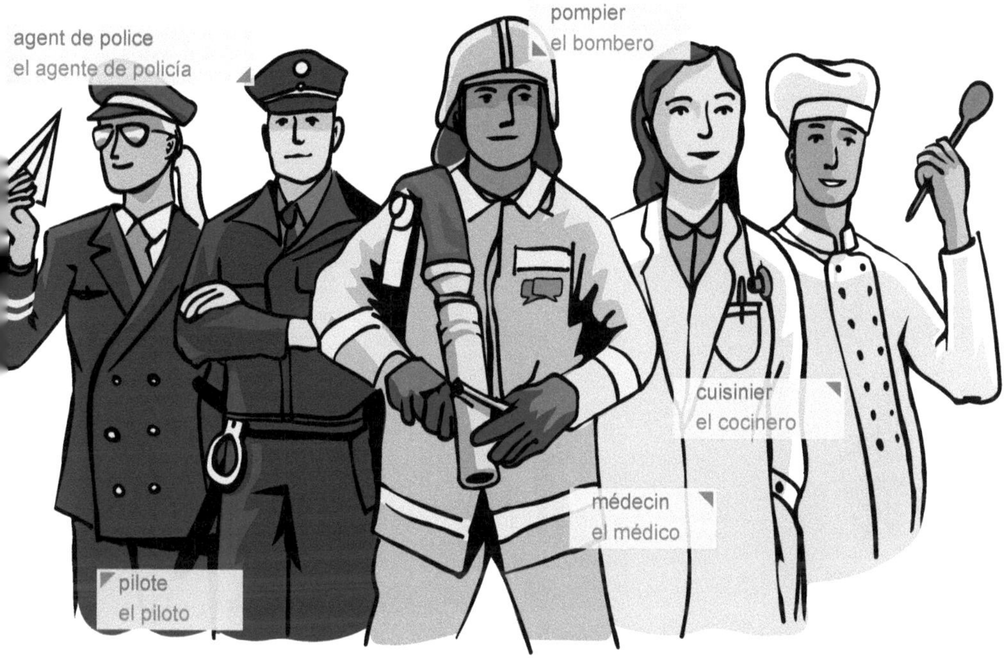

agent de police
el agente de policía
pompier
el bombero
cuisinier
el cocinero
médecin
el médico
pilote
el piloto

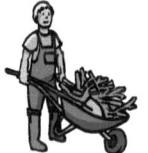

jardinier

el jardinero

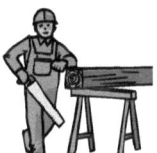

menuisier

el carpintero

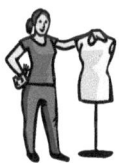

couturière

la costurera

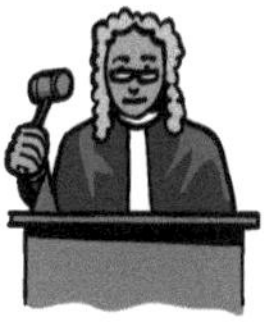

juge

el juez

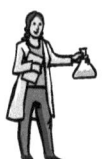

chimiste

el farmacéutico

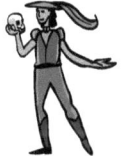

acteur

el actor

conducteur de bus

el conductor de autobús

chauffeur de taxi

el taxista

pêcheur

el pescador

femme de ménage

la señora de la limpieza

couvreur

el techador

serveur

el camarero

chasseur

el cazador

peintre

el pintor

boulanger

el panadero

électricien

el electricista

ouvrier

el obrero

ingénieur

el ingeniero

boucher

el carnicero

plombier

el fontanero

facteur

el cartero

soldat
el soldado

architecte
el arquitecto

caissier
el cajero

fleuriste
el florista

coiffeur
el peluquero

contrôleur
el revisor

mécanicien
el mecánico

capitaine
el capitán

dentiste
el dentista

scientifique
el científico

rabbin
el rabino

imam
el imán

moine
el monje

prêtre
el sacerdote

outils

las herramientas

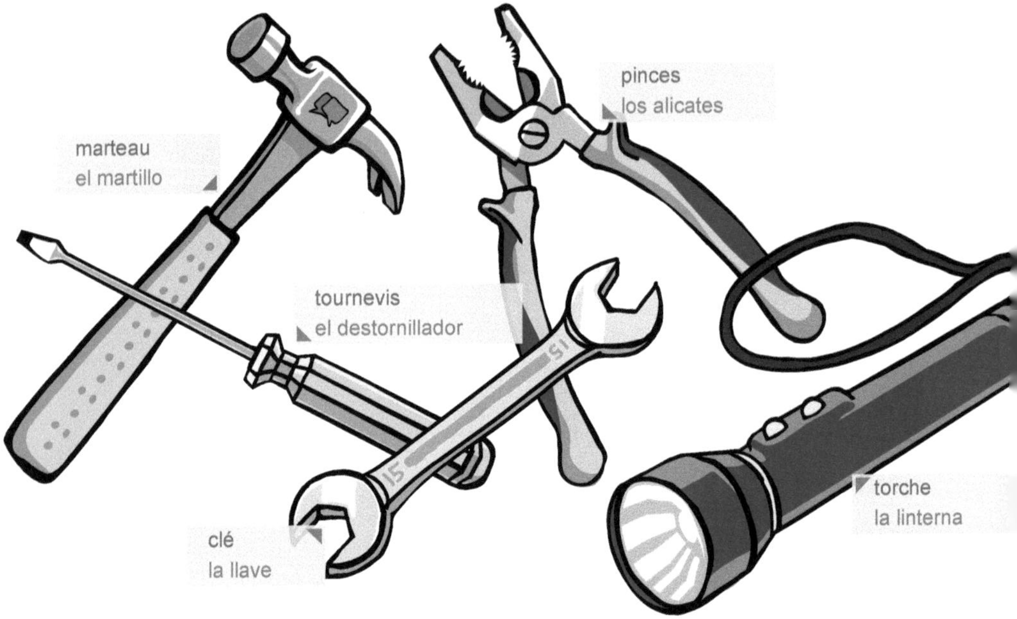

marteau
el martillo
pinces
los alicates
tournevis
el destornillador
clé
la llave
torche
la linterna

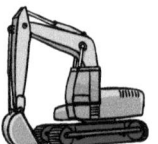

pelleteuse

la excavadora

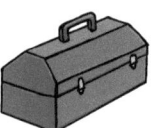

boîte à outils

la caja de herramientas

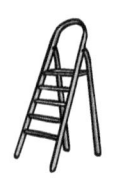

échelle

la escalera de mano

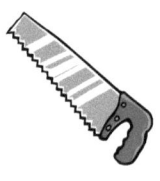

scie

la sierra

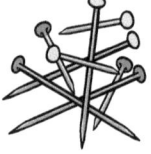

clous

los clavos

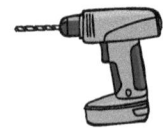

perceuse

el taladro

réparer

reparar

pelle

la pala

Mince !

¡Maldita sea!

pelle

el recogedor

pot de peinture

el bote de pintura

vis

los tornillos

instruments de musique
los instrumentos musicales

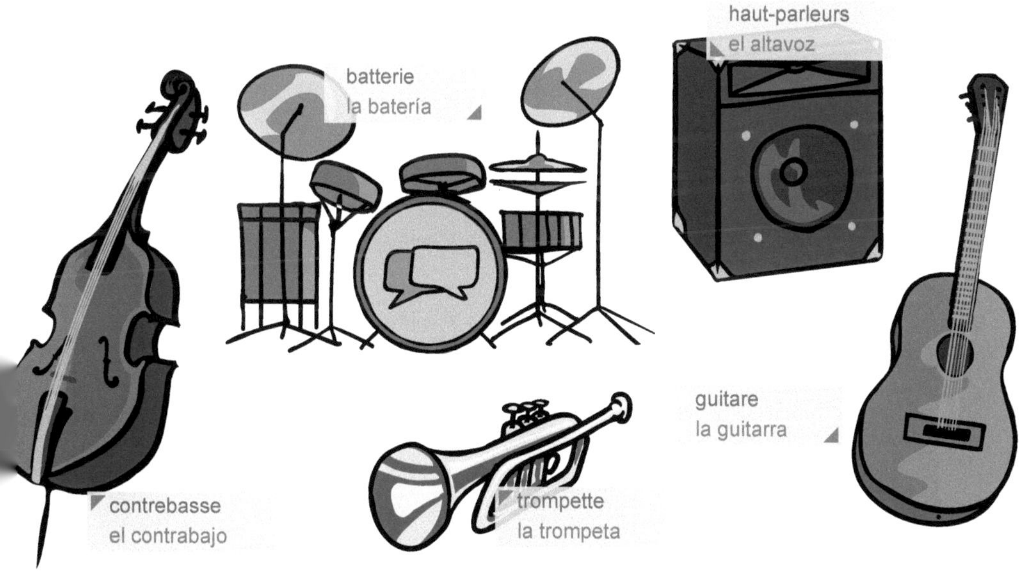

haut-parleurs
el altavoz

batterie
la batería

guitare
la guitarra

contrebasse
el contrabajo

trompette
la trompeta

piano

el piano

violon

el violín

basse

bajo

timbales

los timbales

tambour

el tambor

piano électrique

el teclado

saxophone

el saxofón

flûte

la flauta

microphone

el micrófono

zoo

el zoo

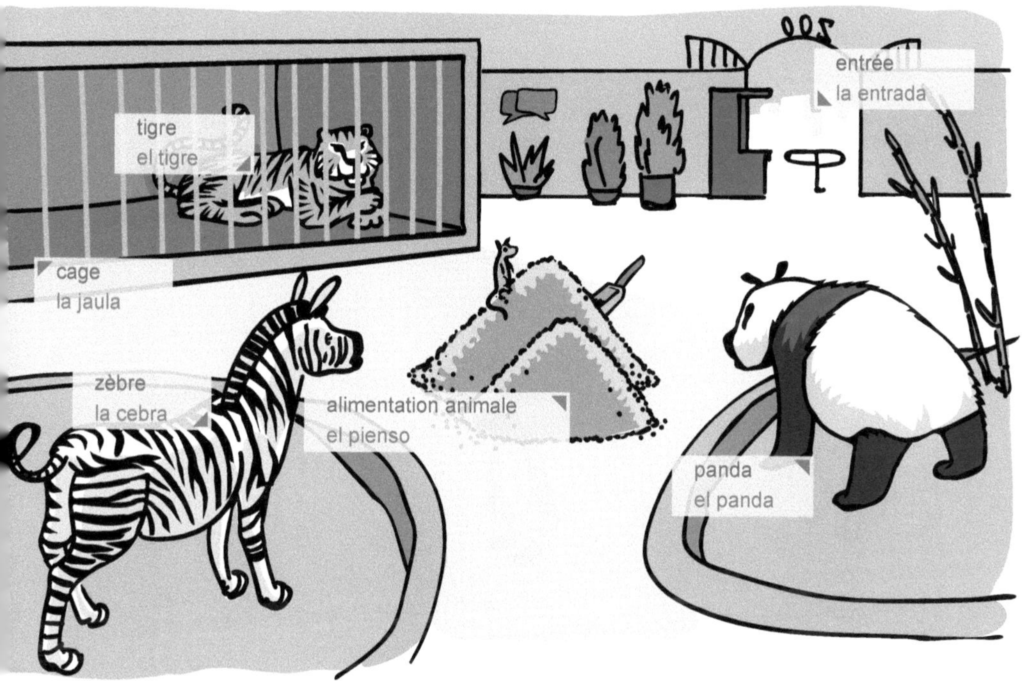
entrée
la entrada
tigre
el tigre
cage
la jaula
zèbre
la cebra
alimentation animale
el pienso
panda
el panda

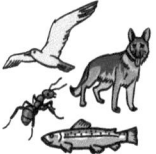

animaux

los animales

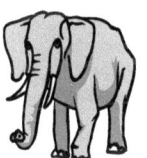

éléphant

el elefante

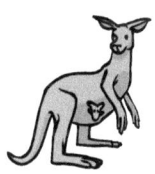

kangourou

el canguro

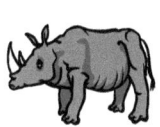

rhinocéros

el rinoceronte

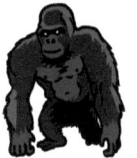

gorille

el gorila

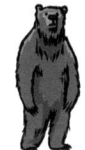

ours

el oso

chameau
el camello

autruche
el avestruz

lion
el león

singe
el mono

flamand rose
el flamingo

perroquet
el loro

ours polaire
el oso polar

pingouin
el pingüino

requin
el tiburón

paon
el pavo real

serpent
la serpiente

crocodile
el cocodrilo

gardien de zoo
el guardián de zoológico

phoque
la foca

jaguar
el jaguar

poney

el poni

léopard

el leopardo

hippopotame

el hipopótamo

girafe

la jirafa

aigle

el águila

sanglier

el jabalí

poisson

el pescado

tortue

la tortuga

morse

la morsa

renard

el zorro

gazelle

la gacela

american Football
el fútbol americano

cyclisme
el ciclismo

tennis
el tenis

basket-ball
el baloncesto

natation
la natación

boxe
el boxeo

hockey sur glace
el hockey sobre hielo

football
el fútbol

badminton
el bádminton

athlétisme
el atletismo

handball
el balonmano

ski
el esquí

polo
el polo

activités
las actividades

sauter
saltar
embrasser
abrazar
rire
reír
marcher
caminar
chanter
cantar
rêver
soñar
prier
rezar
faire la bise
besar

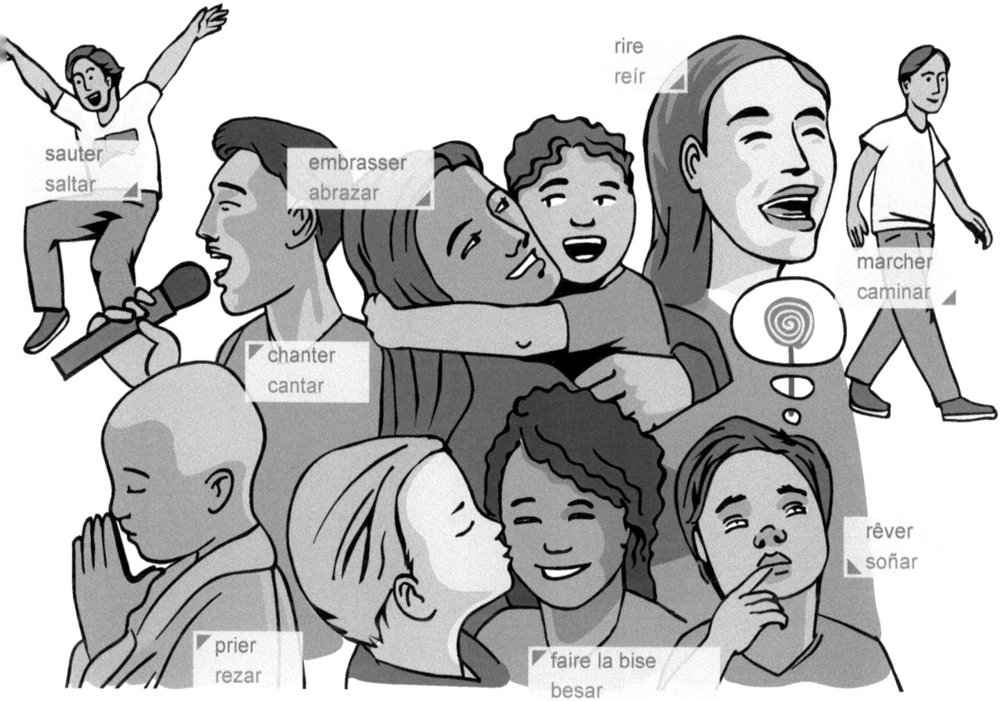

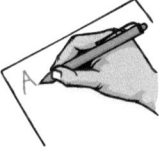

écrire

escribir

dessiner

dibujar

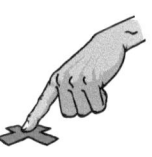

montrer

mostrar

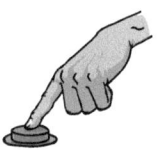

pousser

empujar

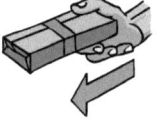

donner

dar

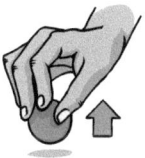

prendre

tomar

avoir
tener

faire
hacer

être
ser

être debout
estar de pie

courir
correr

trier
tirar

jeter
tirar

tomber
caer

être couché
yacer

attendre
esperar

porter
llevar

être assis
estar sentado

s'habiller
vestirse

dormir
dormir

se réveiller
despertar

regarder

mirar

pleurer

llorar

caresser

acariciar

peigner

peinar

parler

hablar

comprendre

entender

demander

preguntar

écouter

escuchar

boire

beber

manger

comer

ranger

ordenar

aimer

amar

cuire

cocinar

conduire

conducir

voler

volar

faire de la voile

navegar

calculer

calcular

lire

leer

apprendre

aprender

travailler

trabajar

se marier

casarse

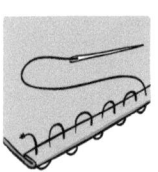

coudre

coser

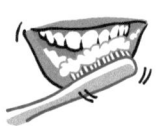

brosser les dents

cepillarse los dientes

tuer

matar

fumer

fumar

envoyer

enviar

grand-mère
la abuela

grand-père
el abuelo

père
el padre

mère
la madre

bébé
el bebé

fille
la hija

fils
el hijo

hôte
el invitado

tante
la tía

oncle
el tío

frère
el hermano

sœur
la hermana

corps
el cuerpo

front
la frente
œil
el ojo
visage
la cara
menton
la barbilla
doigt
el dedo
main
la mano
épaule
el hombro
jambe
la pierna
poitrine
el pecho
bras
el brazo

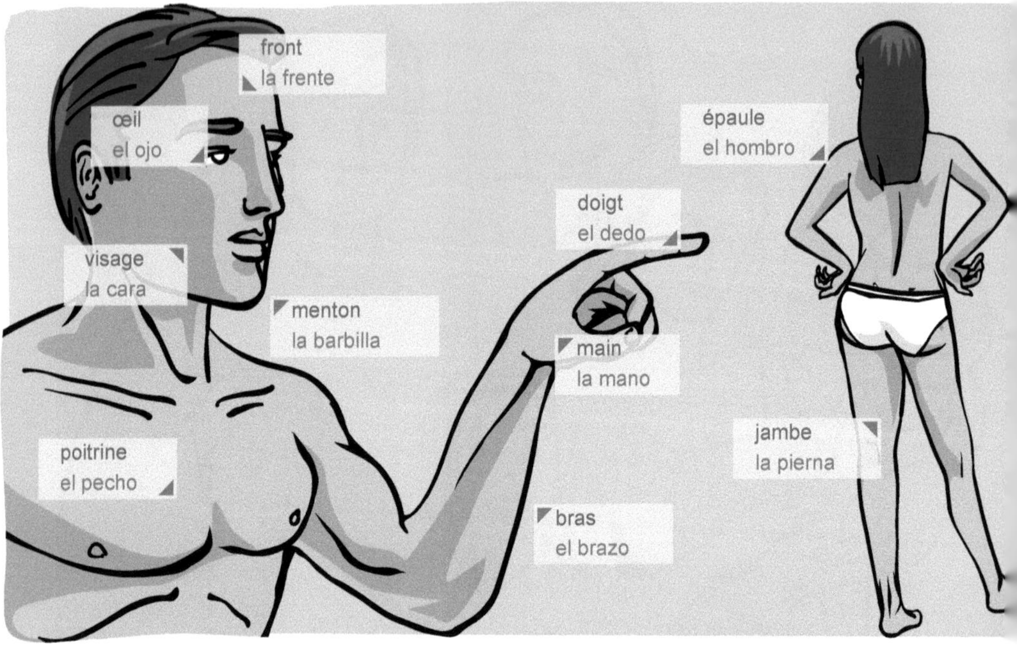

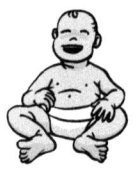

bébé
el bebé

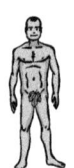

homme
el hombre

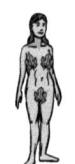

femme
la mujer

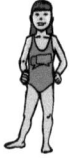

fille
la chica

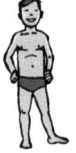

garçon
el chico

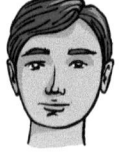

tête
la cabeza

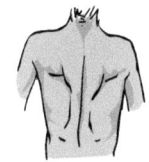

dos
....
la espalda

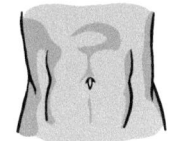

ventre
....
el vientre

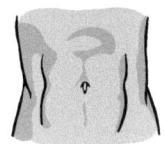

nombril
....
el ombligo

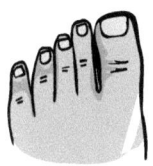

orteil
....
el dedo del pie

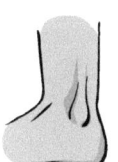

talon
....
el talón

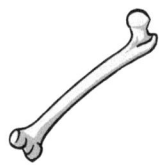

os
....
el hueso

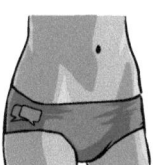

hanche
....
la cadera

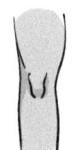

genou
....
la rodilla

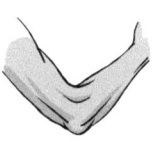

coude
....
el codo

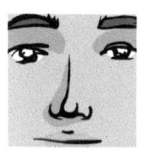

nez
....
la nariz

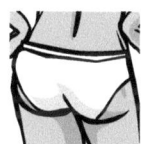

fesses
....
el trasero

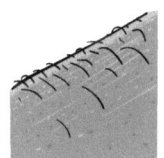

peau
....
la piel

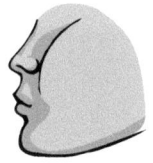

joue
....
la mejilla

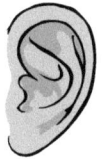

oreille
....
el oído

lèvre
....
el labio

bouche

la boca

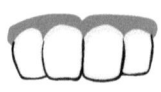

dent

el diente

langue

la lengua

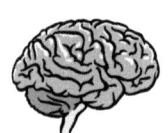

cerveau

el cerebro

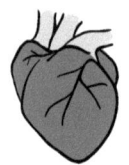

cœur

el corazón

muscle

el músculo

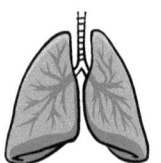

poumons

el pulmón

foie

el hígado

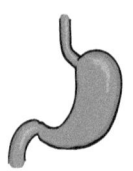

estomac

el estómago

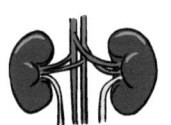

reins

los riñones

rapport sexuel

el sexo

préservatif

el condón

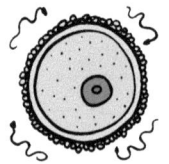

ovule

el ovario

sperme

el semen

grossesse

el embarazo

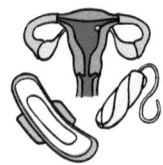

menstruation

la menstruación

vagin

la vagina

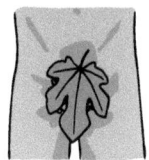

pénis

el pene

sourcil

la ceja

cheveux

el pelo

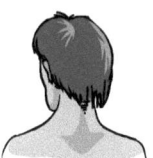

cou

el cuello

hôpital
el hospital

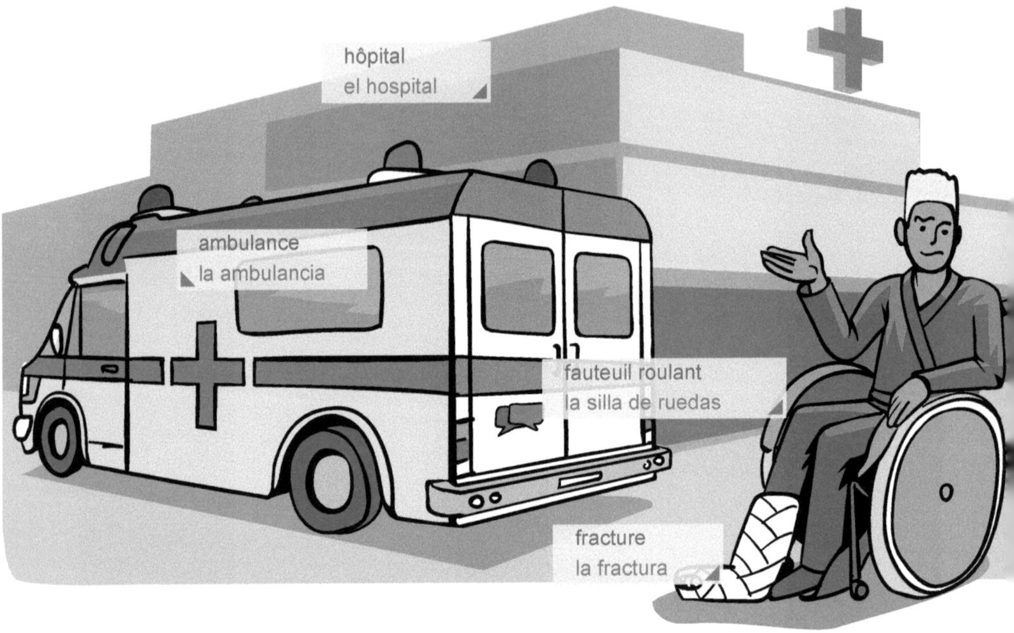

hôpital
el hospital
ambulance
la ambulancia
fauteuil roulant
la silla de ruedas
fracture
la fractura

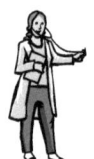

médecin

el médico

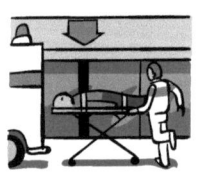

service des urgences

la sala de urgencias

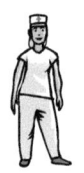

infirmière

la enfermera

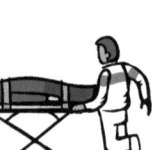

urgence

la urgencia

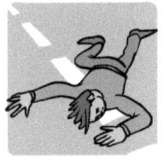

inconscient

inconsciente

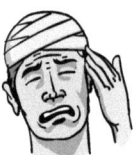

douleur

el dolor

blessure
la lesión

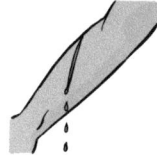

hémorragie
la hemorragia

crise cardiaque
el infarto

attaque cérébrale
el ictus

allergie
la alergia

toux
la tos

fièvre
la fiebre

grippe
la gripe

diarrhée
la diarrea

mal de tête
el dolor de cabeza

cancer
el cáncer

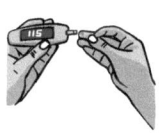

diabète
la diabetes

chirurgien
el cirujano

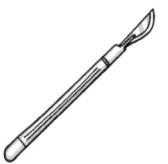

scalpel
el bisturí

opération
la operación

CT
....
TAC

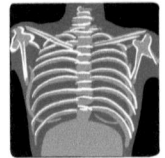

radiographie
....
los rayos x

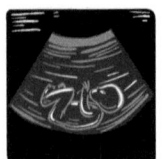

échographie
....
el ultrasonido

masque
....
la mascarilla

maladie
....
la enfermedad

salle d'attente
....
la sala de espera

béquille
....
la muleta

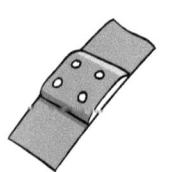

pansement
....
la tirita

pansement
....
la venda

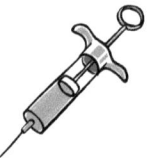

injection
....
la inyección

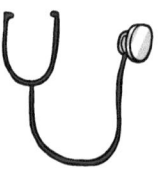

stéthoscope
....
el estetoscopio

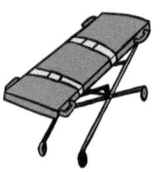

brancard
....
la camilla

thermomètre
....
el termómetro

accouchement
....
el nacimiento

surcharge pondérale
....
el sobrepeso

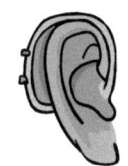

appareil auditif

el audífono

désinfectant

el desinfectante

infection

la infección

virus

el virus

VIH / sida

VIH / SIDA

médicament

la medicina

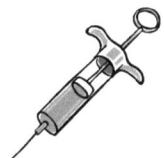

vaccination

la vacunación

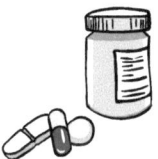

comprimés

las tabletas

pilule

la pastilla

appel d'urgence

la llamada de urgencia

tensiomètre

el tensiómetro

malade / sain

enfermo / sano

Au secours !

¡Socorro!

alarme

la alarma

assaut

el asalto

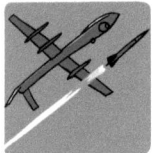

attaque

el ataque

danger

el peligro

sortie de secours

la salida de emergencia

Au feu!

¡Fuego!

extincteur

el extintor de incendios

accident

el accidente

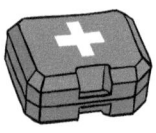

trousse de premier secours

el botiquín de primeros auxilios

SOS

SOS

police

la policía

Europe

Europa

Amérique du Nord

Norteamérica

Amérique du Sud

Sudamérica

Afrique

África

Asie

Asia

Australie

Australia

Océan atlantique

el atlántico

Océan pacifique

el Pacífico

Océan indien

el Océano Índico

Océan antarctique

el Océano Antártico

Océan arctique

el Océano Ártico

pôle nord

el polo norte

pôle sud

el polo sur

Antarctique

La Antártida

terre

la tierra

pays

la tierra

mer

el mar

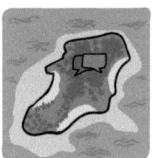

île

la isla

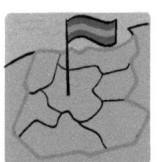

nation

la nación

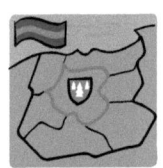

état

el estado

cadran
la esfera

aiguille des heures
la manecilla de las horas

aiguille des minutes
el minutero

aiguille des secondes
el segundero

Quelle heure est-il ?
¿Qué hora es?

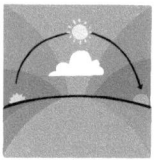

jour
el día

temps
el tiempo

maintenant
ahora

montre digitale
el reloj digital

minute
el minuto

heure
la hora

semaine

la semana

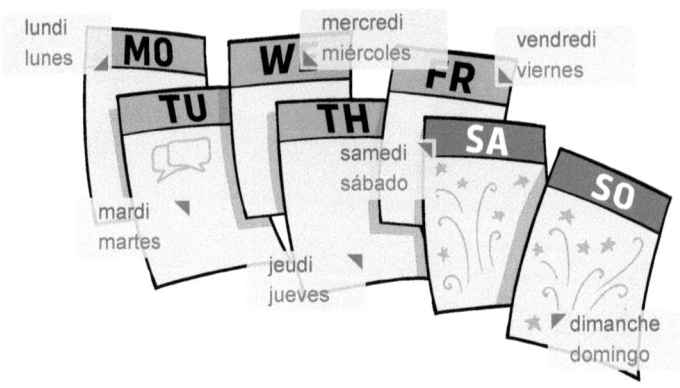

lundi / lunes
mardi / martes
mercredi / miércoles
jeudi / jueves
vendredi / viernes
samedi / sábado
dimanche / domingo

hier

ayer

aujourd'hui

hoy

demain

mañana

matin

la mañana

midi

el mediodía

soir

la tarde

jours ouvrables

los días laborables

week-end

el fin de semana

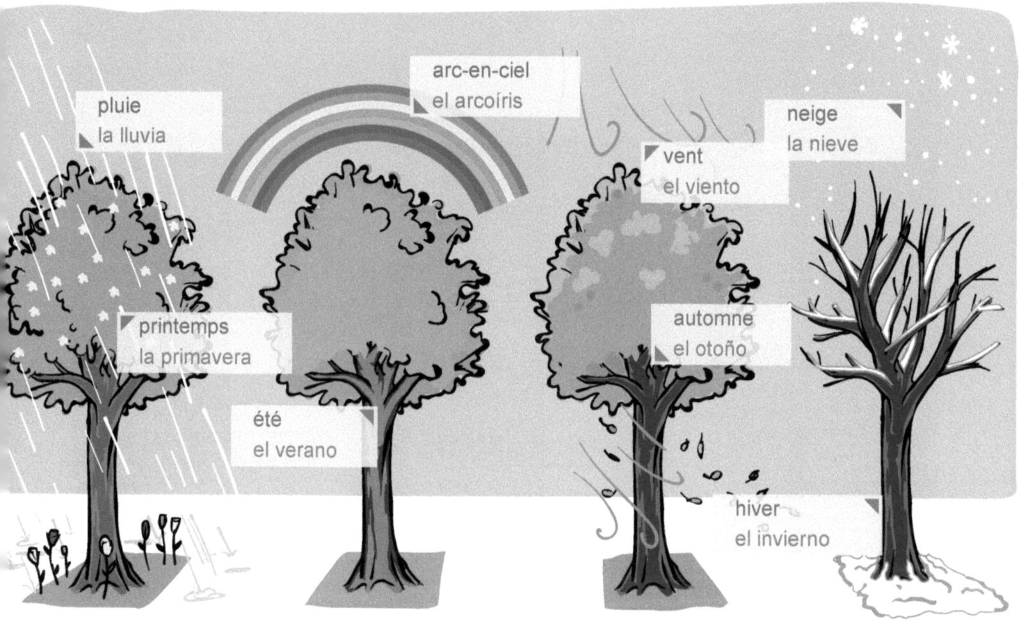

pluie
la lluvia
arc-en-ciel
el arcoíris
neige
la nieve
vent
el viento
printemps
la primavera
automne
el otoño
été
el verano
hiver
el invierno

4.APRIL 11°
5.APRIL 4°
6.APRIL 13°
7.APRIL 8°
8.APRIL 10°

météo

el pronóstico del tiempo

F C
120 40
90 30
60 20
30 10
0 0
-30 -10
-20

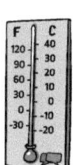

thermomètre

el termómetro

lumière du soleil

el sol

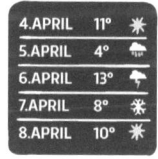

nuage

la nube

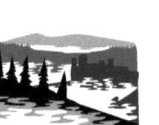

brouillard

la niebla

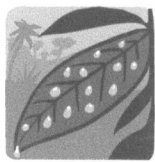

humidité

la humedad

foudre
el rayo

tonnerre
el trueno

tempête
la tormenta

grêle
el granizo

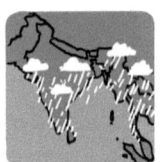

mousson
el monzón

inondation
la inundación

glace
el hielo

janvier
enero

février
febrero

mars
marzo

avril
abril

mai
mayo

juin
junio

juillet
julio

août
agosto

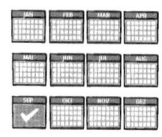

septembre
....
septiembre

octobre
....
octubre

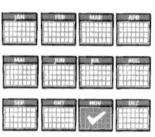

novembre
....
noviembre

décembre
....
diciembre

formes
las formas

cercle
....
el círculo

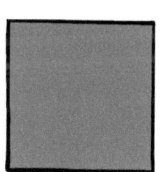

carré
....
el cuadrado

rectangle
....
el rectángulo

triangle
....
el triángulo

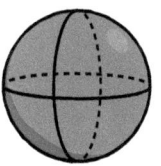

sphère
....
la esfera

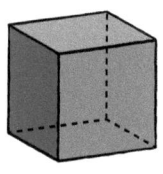

cube
....
el cubo

blanc

blanco

jaune

amarillo

orange

anaranjado

rose

rosa

rouge

rojo

violet

morado

bleu

azul

vert

verde

marron

marrón

gris

gris

noir

negro

beaucoup / peu

mucho / poco

fâché / calme

enojado / tranquilo

joli / laid

bonito / feo

début / fin

principio / fin

grand / petit

grande / pequeño

clair / obscure

claro / oscuro

frère / soeur

el hermano / la hermana

propre / sale

limpio / sucio

complet / incomplet

completo / incompleto

jour / nuit

el día / la noche

mort / vivant

muerto / vivo

large / étroit

ancho / estrecho

comestible / incomestible

comestible / no comestible

méchant / gentil

malo / amable

excité / ennuyé

entusiasmado / aburrido

gros / mince

gordo / delgado

premier / dernier

primero / último

ami / ennemi

el amigo / el enemigo

plein / vide

lleno / vacío

dur / souple

duro / blando

lourd / léger

pesado / ligero

faim / soif

el hambre / la sed

malade / sain

enfermo / sano

illégal / légal

ilegal / legal

intelligent / stupide

inteligente / tonto

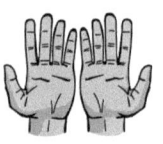

gauche / droite

izquierda / derecha

proche / loin

cerca / lejos

nouveau / usé

nuevo / usado

rien / quelque chose

nada / algo

vieux / jeune

viejo / joven

marche / arrêt

encendido / apagado

ouvert / fermé

abierto / cerrado

faible / fort

silencioso / ruidoso

riche / pauvre

rico / pobre

correct / incorrect

correcto / incorrecto

rugueux / lisse

áspero / suave

triste / heureux

triste / contento

court / long

corto / largo

lent / rapide

lento / rápido

mouillé / sec

húmedo / seco

chaud / froid

cálido / frío

guerre / paix

guerra / paz

los números

0

zéro

cero

1

un / une

uno

2

deux

dos

3

trois

tres

4

quatre

cuatro

5

cinq

cinco

6

six

seis

7

sept

siete

8

huit

ocho

9

neuf

nueve

10

dix

diez

11

onze

once

12
douze
doce

13
treize
trece

14
quatorze
catorce

15
quinze
quince

16
seize
dieciséis

17
dix-sept
diecisiete

18
dix-huit
dieciocho

19
dix-neuf
diecinueve

20
vingt
veinte

100
cent
cien

1.000
mille
mil

1.000.000
million
el millón

langues
los idiomas

anglais

el inglés

anglais américain

el inglés americano

chinois mandarin

el chino madarín

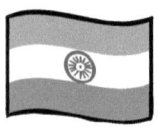

hindi

el hindi

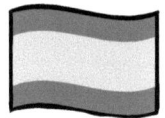

espagnol

el español

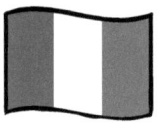

français

el francés

arabe

el árabe

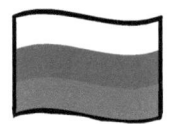

russe

el ruso

portugais

el portugués

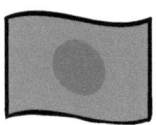

bengali

el bengalí

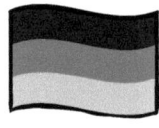

allemand

el alemán

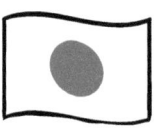

japonais

el japonés

je
....
yo

tu
....
tú

il / elle / ce, c', cela
....
él / ella / ello

nous
....
nosotros/as

vous
....
vosotros/as

ils / elles
....
ellos/as

Qui ?
....
¿quién?

Quoi ?
....
¿qué?

Comment ?
....
¿cómo?

Où ?
....
¿dónde?

Quand ?
....
¿cuándo?

nom
....
el nombre

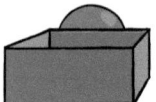

derrière

detrás

dans

en

devant

delante de

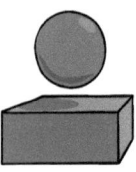

au-dessus

por encima de

sur

sobre

en-dessous

debajo de

à côté de

junto a

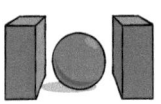

entre

entre

lieu

el lugar